LA BIBLIOTHÈQUE

DE

M. TANDEAU DE MARSAC

PAR

Paul DUCOURTIEUX

LIMOGES
IMPRIMERIE ET LIBRAIRIE LIMOUSINES
Vᵉ H. DUCOURTIEUX
7, RUE DES ARÈNES, 7

1897

LA BIBLIOTHÈQUE

DE

M. TANDEAU DE MARSAC

PAR

PAUL DUCOURTIEUX

LIMOGES
IMPRIMERIE ET LIBRAIRIE LIMOUSINES
Vᵉ H. DUCOURTIEUX
7, RUE DES ARÈNES, 7

1897

LA BIBLIOTHÈQUE

DE M. TANDEAU DE MARSAC

M. Tandeau de Marsac était un ami des livres, un bibliophile éclairé, qui employa les rares loisirs que lui laissait sa profession à former une bibliothèque considérable. A ce titre, il mérite de prendre place à côté des bibliophiles dont le Limousin s'honore, parmi lesquels il convient de citer, dans l'ordre chronologique, le chanoine Jean Decordes, Etienne Baluze, le cardinal Dubois, le chancelier d'Aguesseau, l'abbé Texier, Mgr Berteaud, Auguste Bosvieux, Antoine de Latour, etc.

La Bibliothèque de M. Tandeau de Marsac se composait de près de 12,000 volumes, dans tous les genres ; elle s'est vendue 218,000 fr. environ, en y comprenant les ouvrages adjugés à Limoges en novembre 1896.

La formation d'une bibliothèque est une œuvre longue et difficile, qui exige des études complètes sur chacune des branches des connaissances humaines : la théologie, les sciences, l'histoire et les belles-lettres. On comprend que l'homme qui s'est attaché à l'une de ces divisions arrive plus facilement à former sa collection que celui qui les embrasse toutes, ce qui était le cas pour M. Tandeau de Marsac.

Il n'était pas seul, du reste, à constituer sa bibliothèque ; son frère, M. le chanoine Tandeau de Marsac, dont les goûts littéraires sont connus, l'y avait aidé ; il lui avait procuré beaucoup d'ouvrages de théologie et d'histoire, et, en mourant, il lui légua sa bibliothèque personnelle, dans laquelle se trouvait une foule de raretés locales (1).

On aurait pu se rendre mieux compte des efforts tentés par M. Tandeau de Marsac, en vue de former sa bibliothèque, si tous les catalogues avaient été disposés d'une façon méthodique. Malheureusement, sur les cinq catalogues publiés, le premier seul est méthodique ; les autres sont alphabétiques et encore n'en a-t-on pas fait pour les ouvrages vendus à Limoges. Nous avons dit ailleurs combien nous regrettions cette lacune (2).

M. Charles Porquet, libraire-expert chargé de la vente, avait fait six lots de la bibliothèque de M. Tandeau de Marsac. Le premier lot comprenait les ouvrages qui se trouvaient en grande partie au château de Brignac, près Saint-Léonard (Haute-Vienne). C'est celui qui n'a pas eu les honneurs d'un catalogue. M. Letarouilly, commissaire-priseur à Limoges, s'est borné à lancer le prospectus suivant :

« Vente aux enchères publiques après décès de M. T. de M., par suite d'acceptation bénéficiaire, en vertu d'une ordonnance, de 5,000 volumes anciens et modernes en parfaite condition : archéologie, beaux-arts, littérature, histoire, histoire du Limousin, les jeudi 12, vendredi 13 et samedi 14 novembre 1896, à deux heures très précises, en la Salle des Ventes, rue Neuve-de-Paris, 12, Limoges.

» Désignation sommaire : Bibliothèque elzévirienne, publiée par Jannet ; — le Bibliophile français ; — ouvrages illustrés par G. Doré ; — Journal de Henri III et Henri IV ; — Guizot, Mémoires — Montalembert, Moines d'Occident ; — Bossuet, Massillon, Fénelon, Œuvres ; — Dupanloup, Œuvres ; — Nicolas, Etudes sur le Christianisme ; — Œuvres de Xavier de Maistre ; — Thiers, Histoire de la Révolution, du Consulat et de l'Empire ; — Mémoires de Saint-Simon ; — les Œuvres de Louis Veuillot ; — Mémoires du roi Joseph ; — Documents historiques sur l'histoire de France ; — Histoire littéraire de la France ; — le Dictionnaire des Dictionnaires ; — Dictionnaire de Littré ; — Dictionnaire de Trévoux et de Moréri ; — Art de vérifier les dates, 3 vol. in-fol.; — Desormaux, Histoire de la Maison de Bourbon ; — Topfer, Voyages en Zigzags ; — Histoire générale de Paris ; — Revue des questions historiques ; — Buffon, Œuvres ; — Fétis, Histoire des musiciens

(1) M. le chanoine Tandeau de Marsac a donné aussi une partie de ses ouvrages à la bibliothèque du Grand Séminaire de Limoges, notamment sa collection de journaux limousins, que son frère possédait déjà.

(2) *Bibliophile limousin* d'octobre 1896, p. 133, et de janvier 1897, p. 11.

célèbres; — Biographie universelle de HOEFER; — les Arts somptuaires; — le Moyen Age et la Renaissance; — Bibliothèque de l'enseignement des beaux-arts; — ouvrages et brochures sur la Révolution française, etc., etc.

» Ouvrages sur le Limousin : Bulletin de la Société archéologique et historique du Limousin ; — Bulletin de la Société scientifique, historique et archéologique de Brive ; — Bulletin de la Société des Lettres, Sciences et Arts de Tulle ; — Bulletin de la Société d'agriculture, Sciences et Arts de la Haute-Vienne ; — Semaine religieuse de Limoges, depuis l'origine ; — Annuaires de la Haute-Vienne et Almanachs limousins, depuis l'origine ; — Annuaires de la Creuse et de la Corrèze ; — nombreuses brochures limousines des plus rares.

» Mémoire des titres et papiers du monastère des Ternes, manuscrit in folio.

» Mémoire, état, inventaire et règlement des droits dans la famille de feu sieur EVRARD JABACH et de dame Anne-Marie Wroot, sa veuve, du 17 juillet 1696, manuscrit in-folio. »

Le libraire vendeur a pensé que les livres mis en vente à Limoges étaient suffisamment connus sans qu'il fût utile d'en dresser le catalogue. Nous croyons néanmoins qu'un catalogue aurait attiré dans notre ville un plus grand nombre d'amateurs, et que, par suite, les prix se seraient élevés en proportion.

Dès l'ouverture des portes, de la salle des ventes de la rue Neuve-de-Paris, la plus grande partie des amateurs de Limoges, du département et des départements voisins; des ecclésiastiques et des membres de nos sociétés savantes se trouvaient réunis. Aux libraires de Limoges étaient venus se joindre quelques libraires de Paris.

La vente débutait par des lots de brochures limousines, modernes pour la plupart, auxquelles succédaient des ouvrages de littérature ou d'histoire générale.

Les livres à gravures se vendaient d'une façon convenable, un Béranger in-32, avec gravures sur acier, 35 fr.; une édition des *Fables de la Fontaine*, 51 fr.; *Clarisse Harlowe*, de Prévost, 45 fr.; *Le Diable à Paris*, 55 fr. Les autres ouvrages étaient donnés à des prix couvrant à peine les frais de reliure. Ces dernières sont du reste très belles. Les reliures d'amateur dominent ; elles sont dans un état de fraîcheur remarquable.

Parmi les ouvrages locaux, le *Bulletin de la Société archéologique du Limousin*, dans une fort belle demi-reliure, s'est vendu 275 fr. à

M. Lespinat. Le *Bulletin de la Société d'Agriculture* a été racheté par cette société, dont les archives, situées rue Banc-Léger, s'étaient brûlées il y a une trentaine d'années.

Le lendemain le nombre des amateurs était encore plus grand que la veille ; c'est qu'on devait vendre les manuscrits et les corps de bibliothèque.

Le manuscrit ayant pour titre : « Mémoire, état, inventaire et réglement des droits dans la famille de feu sieur Evrard Jabach et de dame Marie Wroot, sa veuve, du 17 juillet 1696 », a été adjugé pour 55 fr. à M. Louvrier de Lajolais, directeur de l'Ecole nationale d'art décoratif. Il a été acquis plus tard par la Bibliothèque communale de Limoges.

On sait que Jabach, directeur de la Compagnie des Indes, avait été directeur de la Manufacture royale de tapisseries d'Aubusson. Son immense fortune lui avait permis d'acquérir une quantité d'objets d'art, des gravures notamment. Il possédait aussi des émaux limousins de la bonne époque, estimés très bon marché dans son inventaire, et qui par la suite ont atteint des prix fantastiques.

Le « Mémoire des titres et papiers du monastère des Ternes » a été acquis par M. Albert Gérardin, propriétaire de l'emplacement de l'ancien monastère des Célestins des Ternes, situé à un kilomètre de Pionnat (Creuse). Fondé vers 1329 par l'évêque Roger le Fort, qui était né aux Ternes, ce monastère a subsisté jusqu'en 1777.

Un manuscrit intitulé : *Rhetorica tradita de facundissimo oratore Patre Orsauve, Societatis Jesu, Rhetorica professore in Collegio Lemovicensi, anno domini 1666, me audiente Joanne Chavepeyre*, a été acheté 8 fr. par M. Lespinat.

Un « Pouillé de Monseigneur d'Argentré » a été acheté 7 fr. par M. Thézard, notaire à Limoges.

D'autres manuscrits sans grand intérêt se sont vendus très bon marché.

La Bibliothèque Elzévirienne de Jannet, 130 volumes, a été achetée 235 fr. par M. Gougy.

La Collection des Documents sur l'histoire de France, formant 186 volumes in-4°, s'est donnée à 275 fr. à M. Lechanteux, libraire à Paris. La Collection de Documents sur l'histoire de Paris, 34 volumes in-4° environ avec cartes, plans et chromo-lithographies, s'est donnée à 175 fr. à M. Gougy.

Les corps de bibliothèque ont été achetés par MM. Louis Guibert, Lemaître, Fray-Fournier, etc.

La vente s'est élevée à une dizaine de mille francs, environ.

Les livres vendus à Paris ont fait l'objet de cinq catalogues, dans lesquels ils sont disposés par ordre de valeur ou par genre (la quatrième partie : ouvrages sur le Limousin ; la cinquième : vignettes, dessins et portraits) (1).

Voici au surplus les titres des catalogues :

Vente après décès et en vertu d'ordonnance. Le lundi 26 avril 1897 et les cinq jours suivants (Hôtel Drouot). Catalogue de Livres rares manuscrits et imprimés. Provenant de la Bibliothèque de feu M. T. de M. — Première partie. — *Paris, Ch. Porquet, libraire*, 1897, in-8 de 181 p.

Vente... Les 22, 23 et 24 mars 1897 (Hôtel Drouot). Catalogue de Beaux et bons livres modernes, avec illustrations et dessins originaux. Collections diverses. Grands ouvrages à figures. Livres imprimés sur peau vélin. Provenant... — 2ᵉ partie. — *Paris, Porquet*, 1897, in-8 de 60 p.

Vente... Le 3 mars et les cinq jours suivants (28, rue des Bons-Enfants). Catalogue de Bons livres anciens et modernes. Provenant... — 3ᵉ partie. — *Paris, Porquet*, 1897, in-8 de 93 p.

Vente... Le jeudi 8 avril et les deux jours suivants (28, rue des Bons-Enfants). Catalogue de Bons livres anciens et modernes, manuscrits et imprimés, relatifs au Limousin et provinces voisines. Provenant... — 4ᵉ partie. — *Paris, Porquet*, 1897, in-8 de 55 p.

Vente... Le 26 mars 1897 (Hôtel Drouot). Catalogue de Vignettes anciennes et modernes, dessins originaux, portraits. Provenant... — 5ᵉ partie. — *Paris : Mᵉ Georges Boulland, commissaire-priseur ; M. Charles Porquet, libraire ; M. Paul Roblin, marchand d'estampes*, 1897, in-8 de 28 p.

La 1ʳᵉ partie, 773 nᵒˢ (6 vacations) s'est élevée à...	126.758 »
La 2ᵉ partie, 388 nᵒˢ (3 vacations) s'est élevée à....	51.767 50
La 3ᵉ partie, 903 nᵒˢ (6 vacations) s'est élevée à...	13.313 50
La 4ᵉ partie, 512 nᵒˢ (3 vacations) s'est élevée à....	7.000 »
La 5ᵉ partie, 186 nᵒˢ (1 vacation) s'est élevée à....	9.864 »
	208.703 »
En ajoutant les 500 numéros vendus à Limoges, environ	10.000 »
on arrive au total approximatif de................	218.703 »

(1) Les différentes parties se sont vendues dans l'ordre suivant : 1ʳᵉ vente (3 mars), 3ᵉ partie ; 2ᵉ vente (22, 23 et 24 mars), 2ᵉ partie ; 3ᵉ vente (26 mars), 5ᵉ partie ; 4ᵉ vente (8 avril), 4ᵉ partie ; 5ᵉ vente (26 avril), 1ʳᵉ partie. C'est dans la salle Sylvestre que se sont vendues les 3ᵉ et 4ᵉ parties, les autres à l'hôtel Drouot.

L'examen attentif des catalogues va nous permettre de connaître les raisons qui ont guidé M. Tandeau de Marsac dans ses choix.

Dans la première partie, les grandes divisions de la Bibliothèque se présentent ainsi : Manuscrits, 20 n^{os} ; Théologie, 124 n^{os} ; Sciences et arts, 70 n^{os} ; Belles-Lettres, 449 n^{os} ; Histoire, 120 n^{os} ; total, 773 numéros.

Le catalogue débute par la description de vingt manuscrits, dont treize sont des ouvrages de piété : la moitié appartient à la bonne époque, à ce xve siècle qui a vu éclore des merveilles de calligraphie et dont les enluminures exciteront toujours l'admiration des amateurs. M. Porquet se plaît à reconnaître dans les descriptions de ces manuscrits que « la qualité des miniatures, la richesse et la finesse des encadrements, le soin de la calligraphie et le choix du vélin » sont très remarquables.

Les manuscrits se sont élevés à la somme totale de 20,377 fr. Parmi eux se trouvait l'ouvrage qui s'est vendu le plus cher de toute la Bibliothèque, le n° 3, *Bréviaire à l'usage d'une confrérie parisienne*, adjugé au prix de 13,900 fr. « Magnifique manuscrit sur vélin de la fin du xive ou du commencement du xve siècle, dit le catalogue, orné de 60 grandes ou petites miniatures et d'une infinité de lettres initiales peintes. »

Après celui-ci, il faut citer encore le n° 1, *Psautier glosé et ordinaire*, vendu 2,000 fr. ; le n° 4, *Horæ*, vendu 1,580 fr., et le n° 15, *Œuvres de Girard de Saint-Amand*, vendu 550 fr.

Dans les livres, si on trouve peu d'incunables, on rencontre en revanche beaucoup d'excellents ouvrages du xvie siècle, imprimés par les imprimeurs les plus célèbres, éditions princeps très rares, à toutes marges et en bel état, auxquelles M. Tandeau de Marsac ajoutait des dessins originaux, des portraits, des suites de gravures en double et triple état. La valeur de ces ouvrages était encore augmentée par de belles reliures aux armes des princes et des grands personnages, par des ex-libris recherchés. A défaut de reliures du temps, les beaux ouvrages avaient une reliure signée de nos meilleurs artistes modernes : Capé, Niédré, Bozérian, Trautz-Bauzonnet, Lortic, etc.

Nous avons fait un choix des ouvrages qui se sont vendus le plus cher dans cette partie, et nous en avons trouvé 44 de 500 fr. à 13,900 fr. qui se sont élevés à la somme de 69,848 fr., chiffre fort raisonnable comme on le voit.

Dans la Théologie et parmi les Versions de la Bible, le livre qui s'est vendu le plus cher après le manuscrit n° 3 ci-dessus est le n° 23, *La Sainte Bible*, par les Pasteurs de Genève (Lyon, J. de Tournes,

1554). « Superbe exemplaire orné d'une très riche et très élégante reliure portant les trois croissants de Diane de Poitiers. » Il a été adjugé à 7,000 fr.

Venaient ensuite : n° 26, *Le Psautier de David* (Paris, J. Mettayer, 1586), relié pour Henri III, 2,360 fr. ; n° 24, *La Bible*, imprimée par Christophe Plantin à Anvers en 1583, reliure du xvie siècle, 1,810 fr.

Les livres d'heures présentaient un ensemble d'une exécution irréprochable, la plupart imprimés sur vélin. Les noms, bien connus des bibliophiles, de Simon Vostre, Antoine Vérard, Philippe Pigouchet, Thielhman Kerver, Gillet Hardouyn, etc., éveillaient le souvenir de ces beaux livres dont toutes les pages sont encadrées de vignettes naïves représentant les scènes de l'ancien et du nouveau Testament, la danse des morts, etc., dont les grandes planches ont un véritable caractère artistique.

Celui qui s'est vendu le plus cher dans ce groupe est le n° 61, *Heures a lusaige de Rome*, imprimé à Paris vers 1500 par Guillaume Anabat pour Gillet et Germain Hardouyn, libraires. Il a été payé 3,005 fr. D'après le catalogue, c'est un « superbe exemplaire imprimé sur vélin composé de 116 ff. et orné de 17 grandes figures et de 22 petites, toutes coloriées et rehaussées d'or et d'argent. Chaque page est entourée d'une très riche bordure représentant des ornements variés, des scènes de chasse, des sujets tirés de l'histoire du Vieux et du Nouveau Testament. La danse des morts se compose de 30 sujets. »

Il nous faudrait reproduire trop de pages du catalogue, si nous voulions parler des autres livres d'*Heures* dont les descriptions se ressemblent un peu. Disons seulement que le n° 60 s'est élevé à 2,500 fr. ; le n° 78, à 1,010 fr. ; le n° 80, à 1,005 fr. ; le n° 62, à 880 fr. ; le n° 70, à 840 fr. ; le n° 77, à 770 fr. ; le n° 65, à 760 fr. ; le n° 64, à 705 fr. ; le n° 69, à 605 fr., etc.

La section Sciences et Arts était la moins importante. Nous n'appellerons l'attention que sur trois ouvrages de cette section :

Le n° 201, Iconologie par figures... par MM. Gravelot et Cochin (*Paris, Lattré, graveur, s. d.*, 4 vol. in-12) Exemplaire contenant « le Portrait de Cochin, dess. par Monnet, gr. par Gaucher, le portrait de Gravelot, gr. par Gaucher d'après Delatour, 4 titres et 204 figures gr. par Choffard, Baquoy, de Ghendt et Legrand, épreuve en double état, avant et avec la lettre. » Vendu 1,450 fr.

Le n° 151, Essais de Michel, seigneur de Montaigne. Cinquiesme édition... *Paris, Abel Angelier*, 1588, in-4°, titre gr., réglé. « Dernière édition publiée du vivant de l'auteur et la première où se trouve le troisième livre. On remarque sur les plats de ce volume le chiffre H D entouré d'un signe répété quatre fois et ayant la forme d'un S fermé. D'après Guigard, *Armorial du Bibliophile*, t. Iᵉʳ, ce chiffre pourrait être celui d'Henri d'Estrées. » Vendu 1,000 fr.

Le n° 198, Almanach iconologique ou des arts pour les années 1765 à 1781, orné de figures avec leurs explications, par Gravelot (*Paris, Lattré, s. d.*, 17 vol. pet. in-12), texte gravé mar. rouge, fil., t. d. « Neuf volumes ont été gravés d'après les dessins de Gravelot et huit d'après ceux de Cochin. » Vendu 595 fr.

Nous arrivons à la section Belles-Lettres, plus nombreuse à elle seule que les quatre autres réunies. Il semble que cette division du catalogue, dans cette partie comme dans les autres, est celle que M. Tandeau de Marsac affectionnait le plus. Cela s'explique du reste tout naturellement. L'esprit, après une journée de travail, se repose plus agréablement dans une œuvre d'imagination que dans les ouvrages de science ou d'histoire.

C'est surtout dans la Poésie dramatique et dans le Théâtre français que l'on rencontre les ouvrages les plus nombreux et les plus rares. Il y en a cent vingt. Le rédacteur du catalogue a dû même créer les subdivisions suivantes : *a* Depuis les origines jusqu'à Corneille ; *b* Corneille ; *c* Les cinq auteurs ; *d* Molière ; *e* Racine ; *f* Les autres auteurs du xviiᵉ siècle ; *g* Regnard et les auteurs du xviiiᵉ siècle.

Molière était l'auteur préféré de M. Tandeau de Marsac. Le catalogue de la 1ʳᵉ partie contient les titres de 14 éditions des œuvres complètes et de 36 éditions des pièces séparées, presque toutes originales.

Si on y ajoute les onze éditions de Molière qui figurent dans le catalogue de la 2ᵉ partie, les onze dans celui de la 3ᵉ partie, les nombreux portraits et les suites d'estampes pour illustrer les *Œuvres* que l'on retrouve dans la 5ᵉ partie, on reconnaîtra que c'était bien l'auteur de prédilection de M. Tandeau de Marsac.

Ces ouvrages ont atteint pour la plupart des prix élevés.

Le n° 454, Les Œuvres de Monsieur Molière (*Paris, Guillaume de Luynes et Claude Barbin*, 1673, 8 vol. in-12) se sont vendus 6,000 fr. Il faut dire aussi que l'on ne connaît jusqu'à présent que cinq exemplaires de ce très curieux recueil factice.

Le n° 466, même ouvrage, avec des remarques de M. Bret (*Paris, par la Compagnie des libraires associés*, 1773, 6 vol. in-8, fig. et portraits, mar. vert (*Capé*) s'est vendu 1,560 fr. Cet exemplaire contient le portrait de Molière gravé par Cathelin d'après

Mignard et la suite des 33 figures dessinées par Moreau en double état.

Le n° 453, même ouvrage (*Paris, Claude Barbin et Thomas Jolly*, 1666, 2 vol. in-12, frontispices, mar. bleu jans. (*Trautz-Bauzonnet*), « édition précieuse, la première du Théâtre de Molière avec une pagination suivie », s'est vendu 1,025 fr.

Le n° 465, même ouvrage que le n° 466, mais avec les figures de Moreau en simple état, s'est vendu 899 fr.

Le n° 499, le Bourgeois gentilhomme (*et se vend pour l'autheur à Paris, chez Pierre Le Monnier*, 1671, in-12, mar. rouge (*Capé*), édition originale, s'est vendu 520 fr.

Après Molière, les deux auteurs dont la bibliothèque de M. T. de M. possédait le plus grand nombre d'exemplaires sont Corneille et Racine. Le n° 444, le Théâtre de Corneille, revu et corrigé par l'auteur (*Paris, P. Trabouillet et G. de Luyne*, 1682, 4 vol. in-12, aux armes de Ferrand, conseiller du roi, s'est vendu 700 fr.

Le n° 433, OEuvres de Corneille. Première partie. *Imprimée à Rouen et se vend à Paris chez Antoine de Sommaville et Augustin Courbé*, 1644, in-12, mar. rouge jans. (*Trautz-Bauzonnet*), édition originale, s'est vendu 500 fr.

Dans la section Histoire, nous relèverons seulement trois ouvrages, afin de donner une légère idée de leur valeur :

Le n° 659. Discours sur l'histoire universelle, de Bossuet (*A Paris, chez Sébastien Mabre-Cramoisy*, 1681, in-4 mar. rouge, « édition originale, superbe exemplaire, tiré sur grand papier, aux armes de Michel Le Tellier, chancelier de France », vendu 2,125 fr.

N° 661. Jac. Aug. Thuani, Historiarum sui temporis. *Parisiis, apud Abrosium et Hieronymum Drovart*, 1604, 2 vol. in-8, front. gr. avec un joli portrait d'Henri IV, vél. blanc, « bel exemplaire sur grand papier aux armes d'Henri IV », vendu 1,505 fr.

N° 738. La fleur des Antiquitez, singularitès, et excellence de la noble et triomphante Ville et Cité de Paris... (par Gilles Corrozet). (*Paris, Galliot du Pré*, 1532, in-16, cuir de Russie, vendu 610 fr.

Indépendamment des ouvrages principaux que nous venons de citer, il s'en trouvait 10, vendus de 401 à 500 fr.; — 26, de 301 à 400 fr.; — 41, de 201 à 300 fr., et enfin 111 de 100 à 200 fr.

La deuxième partie du catalogue, celle intitulée *Beaux et bons livres modernes*, contenait près de moitié moins de numéros. La valeur des ouvrages de cette partie était moindre que celle de la première. Dans celle-ci, disions-nous, le livre le plus cher s'est vendu 13,900 fr.; dans la seconde partie, il n'atteint que 4,870 fr.

Un choix des 24 ouvrages principaux, vendus de 500 à 4,870 fr., forment un total de 24,673 fr. seulement. Cette partie contenait en outre 12 ouvrages vendus de 401 à 500 fr.; 9 de 301 à 400 fr.; 19 de 201 à 300 fr., et enfin 37 de 100 à 200 fr.

Parmi ces ouvrages, ce sont ceux de la division Belles-Lettres qui dominent. Nous donnons ci-dessous les titres de quelques-uns et les prix d'adjudication :

N° 76. Collection de classiques français... *Paris, Lefèvre*, 1821-28, 73 vol. in-8, 4,870 fr.

N° 37. Bibliothèque elzévirienne... *Paris, P. Jannet et Jouaust*, 1853-78, 155 vol. in-16, 1,431 fr.

N° 322. B. de Saint-Pierre : Paul et Virginie. *Paris, imprimerie de Monsieur*, 1789, pet. in-12, éd. orig., 1,200 fr.

N° 376. Voltaire, Œuvres complètes. *Paris, A. Renouard*, 1819-25, 66 vol. in-8, fig. de Moreau, et 80 *dessins originaux* de Desenne, 1,155 fr.

N° 29. Beaumarchais. La folle journée ou le Mariage de Figaro. *Paris, Ruault*, 1785, in-8, grand papier, figures en double état, 1,100 fr.

N° 31. Béranger, Œuvres complètes, 53 grav. acier. *Paris, Perrotin*, 1854-57-58, 6 vol. in-8, papier de Hollande, plusieurs suites de figures, 1,010 fr.

N° 242. Molière, Œuvres. *Paris, Paulin*, 1835-36, 2 vol. papier de Chine, 975 fr.

N° 38. Bibliothèque latine française, publiée par *C.-L.-F. Panckoucke*, 1826-47, 212 vol. in-8, 955 fr.

N° 77. Collection des meilleurs ouvrages de la langue française. *Paris, Pierre Didot*, 1812-25, 75 vol. in-8, 954 fr.

N° 316. Rousseau, Œuvres complètes. *Paris, Dalibon*, 1824-28, 27 vol. in-8, 830 fr.

N° 7. Molière (J.-B.). P. Théâtre... *Lyon, Scheuring*, 1864-70, 9 vol. in-8 sur peau vélin, exemplaire unique sur peau vélin, 820 fr.

Dans les Sciences, nous signalerons deux ouvrages de P.-J. Redouté : Les Liliacées (*Paris, l'auteur*, an VIII, 1802-1816, 8 tomes en 4 vol. in-fol., contenant 588 pl. coloriées au chiffre de Napoléon Ier, vendu 1,150 fr.; — Les Roses, 1817-24, 3 vol. in-fol. contenant 180 pl. en double état, vendu 590 fr.

Dans l'Histoire, le seul ouvrage ayant atteint un certain prix est la Collection des ouvrages publiés pour la Société d'histoire de France, 286 vol. in-8, vendus 960 fr.

La troisième partie du catalogue, sous le titre *Bons livres anciens et modernes*, a essayé de rattraper par le nombre des ouvrages (903) la valeur de ceux des deux premières parties. Elle n'a pu y réussir. Cette vente a donné un total de 13,313 fr. 50, au lieu des 126,758 fr. de la première et des 51,767 fr. 50 de la deuxième.

Le livre le plus cher de cette partie a été de 212 fr. au lieu des 13,900 fr. de la première et des 4,870 fr. de la deuxième. Les livres avaient donc bien fait l'objet d'un choix par valeur de la part du rédacteur des catalogues, comme nous l'avons dit.

Nous pensons qu'il est inutile d'indiquer les titres des quinze ouvrages principaux de la 3º partie, dont les prix se sont élevés de 100 à 212 fr. (1).

Nous passons tout de suite à la cinquième partie qui est le complément des précédentes, avant de parler de la quatrième : *Ouvrages sur le Limousin*.

Cette partie était intitulée : *Dessins originaux, estampes et portraits, suites de vignettes*; elle comprenait 186 numéros.

Comme tous les bibliophiles, M. Tandeau de Marsac s'était préoccupé de tout ce qui pouvait augmenter la valeur de ses ouvrages, et il avait réuni dans ce but un certain nombre de gravures; ce qui lui permettait d'intercaler dans les Œuvres des grands écrivains des portraits, des dessins originaux ou des suites de vignettes du plus haut intérêt.

Ces gravures faisaient souvent double emploi avec celles, plus belles probablement, qui figuraient déjà dans les ouvrages. D'autres fois, M. Tandeau de Marsac possédait les gravures et n'avait pas encore l'édition de l'ouvrage pour lequel elles avaient été créées. Dans ce cas, les gravures attendaient dans les cartons le moment où elles seraient réunies à l'ouvrage. C'était le cas pour le J.-J. Rousseau, *Œuvres*, éd. Le Fèvre ; le *Don Quichotte*, éd. Marlin ; le Florian, *Fables*, éd. Guilleminet, etc., que M. Tandeau de Marsac ne possédait pas encore.

Dans les dessins originaux (n°s 1 à 23), nous signalerons les suivants :

N°s 19-20. Moreau le jeune (J.-M.). Neuf dessins in-8 pour les *Œuvres* de Crébillon à la sépia, signés et datés, 1812, vendus 705 fr.; — du même, cinq dessins in-18 pour les *Œuvres* de Florian, à la sépia, signés et datés 1811, vendus 130 fr.

N°s 7-8. Desenne (Alexandre). Vingt dessins in-18 pour les *Œu-*

---

(1) Nous indiquons les numéros de ces ouvrages pour les personnes qui seraient désireuses de les connaître : 381, 290, 158, 630, 175, 867, 367, 104, 33, 752, 628, 143, 243, 35 et 861.

vres de Molière, à la sépia, plus 20 pièces gravées, épreuve avant la lettre, 1 dessin et 2 portraits, ensemble 43 pièces, vendus 700 fr.; — du même, 56 dessins in-18 pour les *OEuvres* de Florian à la sépia, plus la collection des figures en épreuve avant la lettre et un portrait; vendus 100 fr.

N° 9. DESENNE (A.), LE PRINCE (A.-X.), BOURGEOIS. Dix-neuf dessins in-8 pour les *OEuvres* de J.-J. Rousseau, à la sépia, vendus 410 fr.

N° 5. CHARLET. Dix dessins in-18 pour les *Aventures de Don Quichotte*, à la sépia, signés, vendus 279 fr.

N° 43. LIENDER (J. Van). Les douze mois de l'année in-4°, 12 pièces au lavis de bistre, signées au verso et datées 1767, vendues 175 fr.

N° 21. QUEVERDO. Quatre dessins in-8 pour *Estelle* de Florian, à la sépia, signés, plus cinq pièces gravées, épreuve avant la lettre et à l'eau forte pure, 150 fr.

N° 10. DEVÉRIA (Achille). Portrait de J.-J. Rousseau et six dessins in-8 pour les *OEuvres*, à la sépia, signés et datés, 1823, 1824 et 1828, vendus 121 fr.

N° 14. MARILLIER (C.-P.). Huit dessins in-8 pour les *Fables* de Florian, au lavis d'encre de Chine, signés et datés 1795, 1796, plus 12 pièces gravées, épreuves avant la lettre et eaux fortes pures, vendus 115 fr.

Dans les estampes et portraits nous relevons :

N°ˢ 51-52. Freudeberg (d'après I.-H.-E.) Le Bain ; — Le Lever par A. Romanet, 1774; épreuves avant le numéro, grandes marges, vendues 122 fr.

N° 64. Levachez (à Paris, chez), titre gravé, frontispice et cent un portraits in-4° des députés à l'Assemblée nationale de 1789, gravés par Sergent, Alix, etc. 103 pièces tirées en bistre ou à la sanguine, vendus 107 fr.

N° 39. Ficquet (Et.), Corneille (Pierre), portrait d'après Le Brun, in-8, superbe épreuve du 2° état, avec le bouclier blanc, grandes marges, vendu 105 fr.

Enfin dans les vignettes, nous appellerons l'attention sur les suivantes :

N° 123. La Fontaine (J. de), un portrait par R. Delvaux, et huit figures in-18, de Moreau le Jeune, pour *Psyché et Adonis*, éd. Saugrain, 1790, épreuves en trois états, vendus 1,000 fr. C'est le numéro qui s'est vendu le plus cher de ce catalogue.

N° 148. Montesquieu. Un frontispice et neuf figures in-8, gravées par N. Le Mire, d'après Ch. Eisen, pour le *Temple de Gnide*, 1772, vendus 600 fr. Une autre collection de 4 pièces, vendue 400 fr.

N° 134. Molière. Un portrait par Aug. de Saint-Aubin, et trente figures in-8 de Moreau le Jeune, pour les *Œuvres*, éd. Renouard. Epreuves à l'eau-forte pure, plus la planche double pour *Amphitryon*, et une épreuve du portrait sur papier jonquille, vendus 430 fr. Une autre collection, vendue 212 fr.

N° 130. Molière. Un portrait par Lépicié, d'après Ch. Coypel et trente-trois figures in-4°, gravés par L. Cars, d'après Fr. Boucher pour les *Œuvres*, éd. de 1734, vendus 410 fr.

N° 129. Molière, suite d'estampes pour les *Comédies*. Un frontispice et cinq planches in-fol., gravés par F. Joullain, d'après les esquisses de Coypel, 1726, vendus 276 fr.

N° 89. Corneille (P. et Th.) Vingt-quatre figures in-8 de Moreau le jeune, dont une par Prudhon, pour les *Œuvres*, éd. Renouard, plus trois portraits par A. de Saint-Aubin, vendus 197 fr.

N° 151-152 Musset (Alfred de). Quarante-deux figures in-12 à l'eau-forte, d'après les dessins de H. Pille, pour les *Œuvres*, éd. Lemerre, épreuves avant lettre sur papier du Japon. Deux collections, vendues 140 fr. les deux.

N° 185. Voltaire. Cent-treize figures in-8, de Moreau le Jeune, et 47 portraits, par Aug. de St-Aubin et autres pour les *Œuvres*, éd. Renouard 1802. Epreuves en double état, plus 22 portraits supplémentaires, ensemble 340 pièces, vendues 139 fr.

Nous arrêterons là cette nomenclature qui pourrait paraître monotone. Aussi bien n'avons-nous pas l'intention de rééditer le catalogue, mais plutôt d'appeler l'attention du lecteur sur les ouvrages les plus beaux et les plus rares. Nous avons voulu montrer de cette façon avec quelle persévérance et quel goût parfait M. Tandeau de Marsac avait formé sa bibliothèque.

La quatrième partie est celle qui nous intéresse le plus, puisqu'elle se compose d'ouvrages sur notre province. Vous connaissez tous ces livres, tout au moins par leurs titres. Parmi les anciens auteurs, le P. Adam, Baluze, Pierre de Besse, Bonaventure de Saint-Amable, de Chavailles, Dorat, d'Espagnac, de Grenaille, Tristan L'Hermite, etc., sont des amis pour vous ; à plus forte raison les noms des modernes, MM. Arbellot, de Cessac, Fage, Guibert, Lecler, Leroux, Poulbrière, Roy-Pierrefitte, Rupin, Texier, etc., vous sont-ils très sympathiques.

Disons d'abord un mot de la formation de la partie limousine de cette bibliothèque. M. Tandeau de Marsac était très attaché à notre province, que toute sa famille habite, et où lui-même possédait le château de Brignac, situé sur un charmant coteau, au pied duquel coule la Vienne.

Comme nous l'avons dit, l'un de ses frères, M. le chanoine Tandeau de Marsac avait fait dans sa propre bibliothèque une place très honorable à l'Histoire locale. Il n'est donc pas étonnant que le propriétaire du château de Brignac ait désiré posséder lui aussi une collection d'ouvrages sur le Limousin. Son frère dut lui procurer sur place plusieurs ouvrages très difficile à découvrir. C'est que pour créer une bibliothèque locale, il faut non seulement lire les ouvrages publiés, surtout ceux qui contiennent des indications bibliographiques, mais encore faire des recherches personnelles dans le pays. On ne peut savoir quelles trouvailles nous ménagent les combles des vieilles maisons. Tous les vieux greniers n'ont pas encore été fouillés, espérons-le.

De son côté, M. Tandeau de Marsac dut faire plusieurs achats dans les librairies parisiennes. Mais ce premier noyau était encore peu considérable lorsque survint la vente de la bibliothèque d'Auguste Bosvieux, qui eut lieu le 26 décembre 1887 et jours suivants.

M. Tandeau de Marsac trouvait là une excellente occasion d'acheter des ouvrages rares sur le Limousin, sans attendre, pendant de longues années, que leurs titres se montrassent dans les catalogues. Il en profita très largement. Sur les 1,213 numéros du catalogue d'Auguste Bosvieux, il en acheta 222, s'élevant à 3,446 fr. 50. C'étaient presque tous des ouvrages d'un prix élevé, qu'il disputa à la Bibliothèque communale de Limoges.

Précédemment, M. Tandeau de Marsac avait enrichi sa collection limousine de quelques ouvrages de valeur, tels que :

Perotti (Nicolai) Grammatica... *Impressus Lemovicis per Paulum Bertum...*, 1520, in-4°, édition encore inconnue des bibliographes.

Gendron (F. Loys). Du Saint-Sacrifice et Sacrement du Corps et Sang de Jésus-Christ. *A Limoges, par Barthélémy Moriceau*, 1591, in-4°. Seul livre connu de cet imprimeur.

Baluzii (Steph.) Tutelensis Disquisitio seculi quo vixit sanctus Sacerdos..., in-8 ; — Dissertatio de santis Claro Laudo Ulfardo Baumado..., in-8, tous deux sortis des presses de *Dalvy à Tulle* en 1655 et 1656, et très difficiles à rencontrer.

Prevost (Jean), Les Tragédies... *A Poitiers, par Julian Thoreau*, 1618, in-12.

Bardon de Brun, Saint-Jacques, tragédie... *A Limoges, par Hugues Barbou*, 1596, in-8.

Blanchon (Joachim). Les Premières Œuvres poétiques... *Paris, Th. Perier*, 1583, in-8, etc.

Il possédait aussi depuis longtemps une partie des manuscrits que l'on voit figurer à la fin du catalogue de cette partie.

Sa bibliothèque s'augmenta encore des livres à lui légués par son frère, M. le chanoine Tandeau de Marsac, qui mourut dans les premiers jours d'avril 1895. C'est ce qui explique la quantité de doubles et de triples révélés par la vente.

Nous pensons que les livres achetés à la vente Bosvieux entraient pour la moitié de sa collection limousine et que ceux de M. le chanoine Tandeau de Marsac figuraient pour les deux tiers de l'autre partie.

Bien que renfermant plusieurs excellents livres, la collection limousine de M. Tandeau de Marsac était moins importante que celle d'Auguste Bosvieux, et si on l'examine en détail, on trouve qu'elle contenait bien des lacunes. On a pu observer la différence qui existe entre la bibliothèque d'un passionné de l'histoire locale comme Bosvieux et celle d'un amateur.

Une comparaison entre les deux catalogues permettra de l'établir facilement.

	Catalogue Bosvieux (1)	Catalogue Tandeau de Marsac
Théologie, nombre de nos..	140	140 nos dont 60 acquis vente Bosvieux
Jurisprudence — ..	52	27 nos — 14 —
Sciences et arts — ..	100	26 nos — 16 —
Belles-Lettres — ..	174	110 nos — 51 —
Histoire . — ..	373	193 nos — 81 —
TOTAUX........	739	496 nos dont 222 acquis vente Bosvieux

Différence en faveur du catalogue Bosvieux 243.

Le catalogue de la partie limousine dont nous nous occupons, a été rédigé par ordre alphabétique. Il eût été préférable qu'il fût méthodique, parce que le groupement par catégorie facilite souvent les choix des acheteurs.

Quelques ouvrages étaient désignés par leur titre au lieu de l'être par leur auteur, d'autres étaient inscrits tantôt sous un nom tantôt sous un autre, ce qui pouvait prêter à la confusion : N° 33. Aurati Joannis est le même que Dorat (Jean) ; n° 113. D'Aubignac est le même qu'Hedelin, abbé d'Aubignac, ou M. H. A. d'A. Mais ce sont des détails sans importance.

(1) Nous avons séparé du catalogue Bosvieux les ouvrages étrangers au Limousin, mais nous ferons remarquer que beaucoup des numéros de ce catalogue comprenaient plusieurs ouvrages, ce qui auraient dû porter le nombre de ses numéros à plus de mille.

La vente a eu lieu dans cette salle Sylvestre, si calme et si tranquille, qui a vu de si belles ventes de livres. Les amateurs étaient peu nombreux ; à part trois ou quatre personnes, on peut dire que tout se passait entre libraires : ceux-ci tout en agissant au nom de leurs clients, achetaient aussi pour eux-mêmes, car plusieurs d'entre eux s'occupent spécialement des ouvrages sur les provinces.

Le total de la vente pour les 512 numéros s'est élevé à 7,000 fr. environ. Ce qui fait une moyenne de 14 fr. par numéro, moyenne supérieure de 2 fr. à celle de la vente Bosvieux. La raison de cette augmentation est le prix élevé d'une trentaine d'ouvrages rares ou reliés aux armes dont on verra la liste plus loin.

Quelques-uns de ces ouvrages ont atteint des prix plus élevé en 1897 qu'en 1887. Ils ont même dépassé de beaucoup les prix qu'on leur assigne d'habitude. Tels par exemples : N° 95, Collectio judiciorum, et parmi les ouvages de Baluze, les n°s 37, 41, 43. D'autres, au contraire, se sont vendus bon marché, quelques-uns même n'ont pas trouvé d'acquéreur et ont été adjugés en bloc à l'issue de la vente.

Parmi les ouvrages provenant de la vente Bosvieux, qui ont été vendus au-dessous du prix d'achat, il faut citer les suivants :

Le n° 472, Valet (A.). Chant triomphal sur la victoire obtenue par le roy, payé 68 fr. à la vente Bosvieux, s'est vendu 26 fr. ; le n° 215, L'Hermite de Soliers et F. Blanchard, Eloge des premiers présidents du Parlement de Paris, payé 62 fr., s'est vendu 3 fr. ; le n° 225, Hugues de Lacoste, médecin à Brive, Traité de la fièvre quarte, payé 60 fr., s'est vendu 20 fr. ; le n° 90, Ciceronis Epistolæ familiares (*Limoges, Guillaume de La Nouaille*, 1554), payé 55 fr. vente Bosvieux, s'est vendu 11 fr. ; le n° 91, Ciceronis Epistolæ ad T. Pomponium Atticum (*Limoges, H. Barbou*, 1580), payé 50 fr., s'est vendu 40 fr.

Voici maintenant les ouvrages de ce catalogue qui se sont vendus le plus cher :

N° 182. Heures a lusaige de Limoges, imprimées à Paris vers 1510 par Gillet Hardouyn, acheté 505 fr. par la Bibliothèque de Limoges (payé 545 fr. à la vente Bosvieux).

N° 112. Dathi (Augustini) Opusculum in elegantiæ... (*Limoges, Paul Berton*, 1518), acheté 380 fr. par la Bibliothèque de Limoges (payé 250 fr. vente Bosvieux).

N° 506. Généalogies et armes des gentilshommes limousins, manuscrit avec blasons coloriés, acheté 365 fr. par la Bibliothèque de Limoges.

N° 95. Collectio judiciorum... par Charles du Plessis d'Argentré (*Lutetiæ Parisiorum, apud Nicolaum Duchesne,* 1755, 3 vol. in-fol.), acheté 325 fr. par M. Morgand, pour M. de Rothschild.

N° 32. Auctores octo... (*Limoges, Guillaume de La Nouaille,* 1539), acheté 225 fr. par M. Porquet, pour la Bibliothèque nationale.

N° 60. Bonaventure de Saint-Amable (le R. P.), Histoire de Saint-Martial, 3 vol. in-fol., 165 fr., acheté par M. Champion. — Autre exemplaire, acheté par M. Ducourtieux pour M. Clément-Simon, 155 fr.

N° 41. Baluzii (S.). Vitæ paparum Avenionensium (*Paris, F. Muguet,* 1693), 2 v. in-4°, acheté 160 fr. par M. Champion (payé 117 fr. vente Bosvieux).

N° 43. Bardon de Brun. Saint-Jacques, tragédie (*Limoges, H. Barbou,* 1596, in-8), acheté 150 fr. par la Bibliothèque de Limoges.

N° 449. Tripon (J.-B.). Historique monumental de l'ancienne et moderne province du Limousin (*Limoges, M. Darde,* 1837, in-fol.), acheté 140 fr. par M. Wilks, pour M. Albert Mazet (payé 175 fr. à la vente Bosvieux).

N° 272. Lurbeus (Gab.). De illustribus Aquitaniæ viris (*Bordeaux, S. Millanges,* 1591, in-4), acheté 120 fr. par MM. Leclerc et Cornuau.

N° 499. La vie du R. P. Charles Frémond, réformateur de l'ordre de Grandmont, par le R. P. Jean-Baptiste Rochias, manuscrit, acheté 110 fr. par la Bibliothèque de Limoges.

N° 501. Mémoires pour servir à l'histoire de l'abbaye de Grandmont, manuscrit extrait [par l'abbé Legros] des mémoires mss de Nadaud, acheté 100 fr. par le Grand-Séminaire de Limoges, auquel il avait été volé autrefois par le trop fameux Libri.

N° 157. Feuille hebdomadaire de la généralité de Limoges 1775-1787, acheté 91 fr. par la Bibliothèque de Limoges.

N° 349. Prevost (Jean). Les tragédies et autres œuvres poétiques (*Poitiers, Julian Thoreau,* 1618, in-12), acheté 90 fr. par M. Gougy.

N° 165. Gendron (F. Loys). Du Saint-Sacrifice et Sacrement du corps et sang de Jesus-Christ (*Limoges, B. Moriceau,* 1591, in-8), acheté 90 fr. par la Bibliothèque de Limoges.

N° 464. Tristan L'Hermite. Le page disgracié (*Paris, T. Quinet,* 1643, 2 vol. in-12), aux armes de Mlle de Pompadour, acheté 86 fr. par M. Porquet (payé 11 fr. à la vente Bosvieux).

N° 402. Roy-Pierreffitte et Lecler. Nobiliaire du diocèse de la Généralité de Limoges, de Nadaud, 4 vol. in-8, achetés 75 fr. par M. Champion.

N° 59. Blanchon (Joachim). Les premières œuvres poétiques

(*Paris, T. Périer*, 1583), exemplaire de Guyon de Sardière, acheté 71 fr. par M. Morgan. — Un second exemplaire a été acheté 31 fr. par la Bibliothèque de Limoges).

N° 37. Baluzii (Steph.) Tutelensis Disquisitio seculi quo vixit sanctus Sacerdos episcopus Lemovicensis. — Dissertatio de sanctis Claro Laudo Ulfardo Baumado... (*Tutelæ, ex officina Dalvyana*, 1655 et 1656), acheté 70 fr. par M. Gougy.

N° 133. Du Bouchet (M.). Table généalogique et historique des anciens vicomtes de la Marche (*Paris, G. Martin*, 1682, in-fol.), acheté 70 fr. par M. Champion.

N° 166. Généalogie historique et critique de la maison de La Rocheaymon [par l'abbé J. Destrées] (*Paris, veuve Ballard et fils*, 1776, in-fol.), acheté 62 fr. par M. Wilks, pour M. Albert Mazet.

N° 39. Baluzii (S.). Historiæ Tutelensis libri tres (*Parisiis, ex typographia regia*, 1717, in-4, aux armes de France), acheté 57 fr. par M. Champion (payé 81 fr. vente Bosvieux).

N° 33. Aurati (Joannis), Lemovicis poetæ et interpretis Regii, Poematia... (*Lutetiæ Parisior., apud G. Linocerium*, 1586, in-8), acheté 54 fr. par M. Morgan (payé 9 fr. vente Bosvieux).

N° 97. Collin (M.-I.). Histoire sacrée de la vie des saints du Limousin (*Limoges, M. Barbou*, 1672, in-12), acheté 51 fr. par M. Morgan (payé 106 fr. vente Bosvieux).

N° 75. Calendrier ecclésiastique et civil du Limousin 1762-99, 27 vol. in-12 (*Limoges, Barbou*), acheté 50 fr. par M. Champion (payé 34 fr. vente Bosvieux).

N° 136. Du Carrier (l'abbé). Portrait de messire Louis de Lascaris d'Urfé, évêque de Limoges (*Poitiers, A. Fleureau*, 1698, in-12), acheté 50 fr. par M. Duvau, député de la Vienne (payé 71 fr. vente Bosvieux).

N° 148. Enchiridion sive manuale Parochorum... (*Lemovicis, H. Barbou*, 1596, 2 parties en un vol. in-4), acheté 50 fr. par la Bibliothèque de Limoges (payé 27 fr. vente Bosvieux).

N° 341. Perotti (Nicolai). Grammatica cum textu Jodoci Badii Ascensii... (*Impressus Lemovicis per Paulum Bertum*, 1520), acheté 50 fr. par la Bibliothèque de Limoges.

N° 466. Tristan L'Hermite. L'Italie Françoise... (*Rouen, L. Maugar*, 1664, in-4, aux armes de Caumartin de Saint-Ange), acheté 50 fr. par M. Porquet pour la Bibliothèque nationale (payé 105 fr. vente Bosvieux).

N° 509. Chroniques de Limoges attribuées à Pierre de Razès, manuscrit in-folio, acheté 50 fr. par la Bibliothèque de Limoges.

Comme on a pu le voir, parmi les ouvrages énumérés ci-dessus la ville de Limoges en a acquis onze du plus haut intérêt. Dans ce nombre figurent huit manuscrits.

Il convient de dire un mot des manuscrits limousins. M. Tandeau de Marsac en possédait seize, dont six devaient lui venir de son frère (n⁰ˢ 497, 498, 503, 504, 507, 511). Neuf de ces manuscrits ont été publiés, quelques-uns plusieurs fois, tels sont : n° 497, Règles des Sœurs de Saint-Alexis ; n° 498, Officium Sancti Leonardi ; n° 502, Histoire du monastère de Solignac (reproduit dans le *Bulletin de la Société archéologique et historique du Limousin*, tome XLV) ; n° 503, Cérémonial de l'église cathédrale de Limoges ; n⁰ˢ 504 505, Mémoire de la Généralité de Limoges (reproduit notamment dans le *Bulletin de la Société archéologique et historique du Limousin*, tome XXXII) ; n° 506, Généalogies et armes des gentilshommes (le texte seul, publié par M. l'abbé Lecler, paraît actuellement dans le *Bulletin de la Société des sciences, lettres et arts de la Corrèze*, siège à Tulle) ; n° 512, Rapport de la mission du citoyen Chauvin (l'imprimé est relié avec la copie).

Les manuscrits présentant le plus grand intérêt pour nous sont les suivants, acquis par la Bibliothèque communale de Limoges :

N° 508. Annales de Limoges, par Jean de Lavaud, procureur au présidial de Limoges, in-4 de 126 ff.

Importante copie exécutée en 1660, par Petiniaud, de cette compilation historique bien connue des érudits Limousins (Cf. A. Leroux, *Etudes sur Annales de Limoges*, dans les *Annales du Midi*, t. I (1889), p. 514 et suiv.). Cette copie provient de la bibliothèque de F. Muret de Pagnac, comme le prouve le timbre qu'on y voit sur la couverture. Elle a appartenu ensuite au chanoine Chavastelou et plus récemment à M. Pinot, curé de Saint-Michel-des-Lions, à Limoges. On y a épinglé à la fin une note relative à l'année 1638 et le testament facétieux de « Pierre Bon Crhetien (sic), citoyen actif et passif de la ville de Limoges ».

Ce manuscrit a pour complément le suivant :

N° 509. Chroniques de Limoges attribuées à Pierre de Razès, in-fol. de 79 ff.

Manuscrit du commencement du XVIIᵉ siècle, en partie autographe, très important pour l'historiographie limousine. Il est inédit, mais il a déjà fait l'objet de plusieurs travaux. M. A. Leroux en parle très longuement dans son *Etude sur les Annales françaises de Limoges* (*Annales du Midi*, t. II (1890), p. 2 et suiv.) ; il en reproduit même toutes les rubriques. On sait que la première partie de ces chroniques est formée par les Annales de Jean de Lavaud.

N° 506. Généalogies et armes des gentilshommes des eslections de Limoges, Brive et Tulle, dans la généralité de Limoges, dont les titres ont été vérifiez par M. Daguesseau, le tout a été recueilli par M. Simon Descoutures, seigneur de Bort, conseiller et avocat du Roy au siège présidial de Limoges et procureur de Sa Majesté en ladite vérification en 1666, 1667 et 1668. Ms. in-fol. de 224 p., plus la table.

Copie faite en 1714, sur le ms. original, pour Antoine de Boisse, abbé de Vigeois, renfermant 218 blasons coloriés.

N° 511. Recueil des discours prononcés au Présidial de Limoges de 1728 à 1754, par l'avocat du roi. In-4 de 158 ff.

Manuscrit autographe. L'auteur de ce recueil ne se fait pas connaître, mais il serait facile de trouver son nom à l'aide des Archives de Limoges. Il succéda à un « officier » qui « sollicité par une perfection chrétienne » quitta « la robbe pour prendre l'encensoir ». Il prononça son discours de réception en 1728. Les sujets qu'il a ainsi traités dans les audiences de rentrée sont des plus généraux : La religion (1728) ; Le glorieux état de la magistrature (1730) ; La gravité (1732) ; Causes de l'injustice (1734) ; La paix (1736) ; Emulation du magistrat (1738) ; La sollicitation (1742) ; Le respect, la vertu et la prudence (1744) ; La vigilance (1746) ; etc., etc. Ce sont de curieux spécimens d'éloquence judiciaire.

N° 499. La Vie du R. P. Charles Fremont, réformateur de l'ordre de Grandmont, par le R. P. Jean-Baptiste Rochias. In-4 de 117 et 131 pages.

Manuscrit du xviii° siècle sur papier. Double copie du même texte. La seconde contient 36 pages préliminaires qui ne sont pas dans la première, mais elle est, en revanche, incomplète de la fin.

N° 500. Doctrine et enseignements spirituels que monsieur S. Estienne de Muret, père et instituteur de l'ordre de Grandmont, donnait à ses religieux, traduits de latin en françois par f. Pierre Brunet, religieux et chantre en l'abbaye de Sainct Saulveur de Villeloing, en Tourayne, 1601. Petit in-4 de 94 ff.

Manuscrit du xvii° siècle, sur papier, autographe selon toute vraisemblance. Il suffit pour s'en persuader d'examiner la signature de la dédicace. En plusieurs endroits se trouve d'ailleurs un monogramme dans lequel on peut reconnaître les lettres du nom de l'auteur : BRVNET.

N° 502. Histoire du monastère de Solignac, près de Limoges, depuis son union à la Congrégation de Saint-Maur, par dom Laurent Dumas, 1674, in-8 de 164 pages.

Manuscrit autographe, intéressant non seulement par les renseignements qu'il contient mais par les pièces qui s'y trouvent copiées. D'après une note moderne, on présume qu'il aurait fait partie de la bibliothèque de dom Col, bénédictin, auteur du Nobiliaire manuscrit d'Auvergne.

Les deux manuscrits sur l'Ordre de Grandmont sont très précieux pour l'histoire de cette abbaye : notre excellent confrère M. Louis Guibert, qui lui a déjà consacré une œuvre magistrale (1), ne peut manquer de profiter dans une large mesure de ces nouvelles acquisitions.

(1) Louis GUIBERT, Destruction de l'ordre de Grandmont. *Limoges*, *Chapoulaud frères*, 1877, in-8° de 1.000 p.

Il est possible que M. l'abbé Lecler, qui vient de publier l' « Histoire du monastère de Saint-Pierre de Solignac par Dom Laurent Dumas », trouve d'utiles variantes dans le n° 502.

Quant au manuscrit 507, Limoges au xie siècle, in-8 de 178 ff., acquis par M. Porquet au prix de 14 fr., c'est à tort que le catalogue l'attribue à M. le chanoine Tandeau de Marsac. C'est à M. Pierre Laforest, l'auteur de *Limoges au XVIIe siècle* que l'on est redevable de ce manuscrit ; celui ci n'est qu'une compilation de tous les faits qui se sont accomplis à Limoges au xie siècle, extraits des *Chroniques de Saint Martial* et d'autres documents.

Nous voudrions parler des collectionneurs limousins qui ont acheté à la vente de cette bibliothèque. Malheureusement cela nous est difficile, les achats se faisant par l'intermédiaire des libraires. Nous pensons que ce sont à peu près les mêmes que ceux de 1887. Nous devons cependant en mentionner quelques-uns qui ont assisté à la vente : MM. Duvau, député de la Vienne, de Frédy, Gaston David, Bonnin, Martial de Labonne, l'abbé Aulagne.

Comme en 1887, la ville de Limoges a été le plus fort acquéreur (98 numéros, 2,400 fr.). Son concurrent en 1887 était M. Tandeau de Marsac qui avait acquis 222 n^{os} pour 3,446 fr. 50 (ces mêmes ouvrages ne se sont élevés qu'à 3,048 fr., soit 400 fr. de moins). On doit savoir gré à la municipalité d'avoir favorisé l'accroissement de sa Bibliothèque locale dans une aussi large mesure. Tous les travailleurs, tous les curieux de notre histoire limousine ne pourront que l'en remercier.

A défaut des noms d'amateurs, nous indiquons les noms des libraires qui ont le plus acheté :

Ve Ducourtieux, à Limoges	140 n^{os},	2,612 fr.
Champion, à Paris	79 n^{os},	1,278 fr.
Porquet, —	50 n^{os},	786 fr. 50.
Morgan, —	6 n^{os},	519 fr. 50.
Gougy, —	23 n^{os},	332 fr.
Wilks, —	19 n^{os},	303 fr. 50.
Chéronnet, —	62 n^{os},	218 fr.
Claudin, —	34 n^{os},	202 fr.
Lecler et Cornuau	9 n^{os},	191 fr.
Pairault, —	9 n^{os},	112 fr.
Picard, —	2 n^{os},	52 fr.
	433 n^{os}	
Retirés de la vente	47 n^{os}	
Achetés par des particuliers	32 n^{os}	
Total	512 n^{os}	

— 24 —

Depuis la vente, nous avons vu reparaître plusieurs de ces ouvrages dans les catalogues des libraires ; mais à des prix bien supérieurs.

Nous ne voudrions pas terminer cette notice sur la Bibliothèque de M. Tandeau de Marsac sans dire un mot de l'extrême obligeance de son propriétaire pour les travailleurs, mettant ainsi en pratique le *et amicorum* de Maïoli et de Grolier, de célèbre mémoire. Toutes les fois qu'une personne le priait de lui communiquer une de ses raretés, elle recevait l'ouvrage par le retour du courrier. Il est juste que le souvenir de cette générosité à l'endroit de tous ceux qui avaient recours à M. Tandeau de Marsac soit conservé.

Nous avons assisté depuis trente-six ans à la vente de quatre bibliothèques limousines importantes : celles de M. l'abbé Texier (1861), de Mgr Berteaud (1880-81), d'Auguste Bosvieux (1887) et de M. Tandeau de Marsac (1897) et nous avons pu constater que les ouvrages sur notre province ont toujours eu un cours assez élevé. On doit en conclure que les collectionneurs sont toujours aussi nombreux et que leur ardeur à combler les vides de leurs bibliothèques ne s'est pas ralentie.

Nous pensons que c'est là une observation des plus consolantes ; mais si des bibliothèques nouvelles viennent remplacer les anciennes, on le doit à l'heureuse influence des Sociétés archéologiques et historiques de nos départements limousins. Ce sont elles en effet, qui, en excitant l'émulation des travailleurs, les font s'entourer d'abord des livres qui peuvent faciliter leurs travaux. Une fois la bibliothèque commencée, elle s'enrichit bien vite d'ouvrages rares à plus d'un titre et la société compte un bibliophile de plus.

Limoges, imp. V⁰ H. Ducourtieux, rue des Arènes, 7.

OUVRAGES DU MEME AUTEUR

Almanach-Annuaire limousin (depuis 1859), du ressort de la Cour d'appel et du diocèse de Limoges, contenant avec l'organisation des services publics dans la Haute-Vienne et l'adresse des fonctionnaires et des commerçants de Limoges, *une série d'articles pour servir à l'histoire du pays*, fondé et dirigé par Henri Ducourtieux de 1859 à 1865. 1 vol. in-18 de 660 p. par année, rel. toile, 1 fr. 50, broché.. 1 fr.

Almanach-Annuaire limousin pour la Creuse (depuis 1881). 1 vol. in-18 de 250 p. par année............................. 50 cent.

Almanach-Annuaire limousin pour la Corrèze (depuis 1882). 1 vol. in-18 de 250 p. par année............................. 50 cent.

Almanach-Annuaire charentais, années 1884, 1885, 1886, 1887 et 1888. 1 vol. in-18 de 250 p. par année............................. 1 fr.

Annales manuscrites de Limoges, dites Manuscrit de 1638, publiées en collaboration avec MM. Emile Ruben et Félix Achard, ornées de deux planches lithographiées. 1872, 1 vol in-8°............ 10 fr.

Emile Ruben, notice biographique. 1872, br. in-8°........... 1 fr.

L. Babaud-Laribière notice biographique., 1873, br. in-8°..... 1 fr.

Plan de Limoges, échelle approximative 1/5000°. — 1873. In-plano raisin, tiré en rouge et noir............................. 1 fr.

Quelques notes sur la destruction de la Cité de Limoges par le prince de Galles, en 1370. 1878, br. in-8° (épuisé).

Limoges d'après ses anciens plans, 1883, 1 vol. in-8°, accompagné de quatre reproductions d'anciens plans.................... 4 fr.

Dictionnaire complet des rues de Limoges, avec l'indication de leur tenant et aboutissant, les cantons, divisions financières, arrondissements de police et paroisses auxquels elles appartiennent, etc., etc. 1884, br. in-18................................. 25 cent.

L'Hôtel-de-Ville de Limoges, orné d'une vue de l'Hôtel-de-Ville, 1884, br. in-18................................. 50 cent.

Catalogue de la Bibliothèque populaire de Limoges, rédigé en 1870 par Emile Ruben, complété en 1878, 1885 et 1894, par Paul Ducourtieux. 1 vol. in-18................... 50 cent.

Plan général de Limoges, d'après les documents officiels, en collaboration avec M. Henri Ducros, tiré en neuf couleurs, et Dictionnaire complet des rues de Limoges, 1885. In-plano carré (épuisé).

Le Bibliophile limousin (depuis 1885), catalogue trimestriel d'ouvrages anciens et modernes sur le Limousin et la Marche.

Le Bibliophile limousin, 2ᵉ série (depuis 1893). Revue bibliographique trimestrielle paraissant en janvier, avril, juillet, octobre, par fascicules in-8 de 50 pages, plus un catalogue d'ouvrages limousins. Abonnement annuel................................. 3 fr.

Catalogue des manuscrits et imprimés de l'Exposition de Limoges en 1886. 1886, in-8 (épuisé).

Découvertes faites sur l'emplacement de la ville gallo-romaine à Limoges, en 1886. — 1887, br. in-8°................ 1 fr.

Les environs de Limoges d'après les plans des émailleurs. 1887, br. in-8º .... 1 fr.
Une marque typographique. 1888, in-8, tiré à 50 exemplaires (épuisé).
Les manuscrits et imprimés à l'Exposition de Limoges de 1886. 1889, in-8 de 76 p. et 2 pl. .... 3 fr.
Le Bas-Limousin à l'Exposition de Limoges (10 mai-22 août 1886). Tulle, 1887, br. in-8 de 16 p. .... 1 fr.
La bibliothèque d'Auguste Bosvieux. 1889, br. in-8 de 16 p. ... 1 fr.
Les marques typographiques des imprimeurs de Limoges. 1890, br. in-8 de 16 p., ornée de dix reproductions de marques.... 2 fr.
Excursion aux ruines gallo-romaines de Chassenon (1ᵉʳ août 1889). Rapport présenté à la Société archéologique et historique du Limousin, orné de dessins de M. Louis Guibert, 1890, br. in-8 de 26 p. 1 fr.
L'Instruction publique en Limousin, orné de deux cartes, 1890, br. in-8 de 32 pages.. 2 fr.
Une monnaie mérovingienne inédite du Limousin, 1891, br. in-8 de 11 pages.. 1 fr.
Les écoles de hameau en Limousin, 1891, br. in-8, ornée d'une carte des écoles de l'arrondissement de Limoges................... 1 fr.
Plan de Limoges, échelle approximative 1/10,000ᵉ. — 1891. In-4º écu, tiré en rouge et noir.. 30 cent.
Petit Guide du voyageur à Limoges et dans ses environs. 1896, br. in-18, ornée de plusieurs gravures et d'un plan de Limoges 75 cent.
L'Imprimerie, Notions de typographie, le Livre, le Journal. Conférence faite au Cercle d'études commerciales, 1892, br. in-8, ornée de plusieurs gravures.. 2 fr.
Cimetière gallo-romain, mérovingien et carolingien de La Courtine à Limoges. Boîte en verre trouvée dans une sépulture gallo-romaine. 1893, in-8 orné de deux dessins de M. Jules Tixier, d'un plan et d'une phototypie... 3 fr.
Limoges et ses environs. Guide du voyageur, orné de plusieurs gravures et accompagné d'un plan de Limoges. 2ᵉ édit., 1886, 1 vol. in-18 relié toile (épuisé).
L'Instruction populaire dans la Haute-Vienne (1869-1886), en collaboration avec M. Adrien Tarrade, maire de Limoges, conseiller général. 1886. Br. in-8º, accompagnée d'une carte statistique de l'Instruction dans la Haute-Vienne en 1869, 1880, 1883 et 1885 2 fr.
1495-1895. Quatrième centenaire du livre à Limoges. L'Exposition du livre limousin. Catalogue. 1895, in-8 de 92 p. avec de nombreuses reproductions typographiques.. 3 fr.
Les Imprimeurs de Tulle à l'Exposition du livre limousin. 1895, in-8 de 21 p. .... 1 fr.
Les Imprimeurs de Brive à l'Exposition du livre limousin. 1895, in-8 de 21 p. .... 1 fr.
Les Barbou, imprimeurs, 1524-1820 (Lyon-Limoges-Paris), 1895, 1 vol. in-8.. 7 fr. 50
Comment on devenait libraire et imprimeur à Paris au XVIIIᵉ siècle, 1898, in-8... 1 fr.

Limoges, imp. Vᵉ H. Ducourtieux, rue des Arènes, 7.

www.ingramcontent.com/pod-product-compliance
Lightning Source LLC
Chambersburg PA
CBHW060627050426
42451CB00012B/2474